VENTE

Du Jeudi 18 Avril 1907

HOTEL DROUOT, SALLE N° **1**

à deux heures

TABLEAUX MODERNES

ET QUELQUES ANCIENS

Aquarelles, Dessins, Pastels

COMMISSAIRE-PRISEUR

Mᵉ PAUL CHEVALLIER

EXPERT

M. JULES FÉRAL

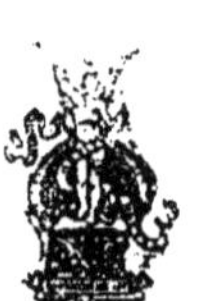

CATALOGUE

DE

TABLEAUX MODERNES

ET ANCIENS

AQUARELLES, DESSINS, PASTELS

PAR

BONVIN, BRASCASSAT, BRISSOT, CHINTREUIL, DELPY, FICHEL,
FLERS, GERVEX, HARPIGNIES, HERVIER, E. ISABEY, T. JOHANNOT,
LAVIEILLE, LEBOURG, LELOIR, LENFANT DE METZ,
LUMINAIS, MADOU, VAN MARCKE, METTLING, G. MICHEL,
R. MOLS, MONTICELLI, PETITJEAN,
VIETTE, ROQUEPLAN, ROUBY, PH. ROUSSEAU, SAINTIN, E. SWEBACH,
VAYSON, VERKOLJE, WILLEMS, WORMS, ETC., ETC.

Dont la Vente aura lieu

HOTEL DROUOT, SALLE N° 1

LE JEUDI 18 AVRIL 1907

à deux heures

COMMISSAIRE-PRISEUR	EXPERT
Mᵉ PAUL CHEVALLIER	**M. JULES FÉRAL**
10, rue Grange-Batelière	7, rue Saint-Georges

EXPOSITION PUBLIQUE

Le Mercredi 17 Avril 1907, de 1 heure 1/2 à 6 heures

CONDITIONS DE LA VENTE

La vente sera faite au comptant.

Les adjudicataires paieront *dix pour cent* en sus des enchères.

Paris.—Imp. de l'Art, Ch. Berger et Cⁱᵉ, 41, rue de la Victoire

DÉSIGNATION

AQUARELLES, DESSINS

PASTELS

ANDRIEUX (Clément)

1 — *Rixe de soldats.*

Aquarelle.
Signée à gauche.

BRISSOT

2 — *La Sortie du troupeau.*

Aquarelle.
Signée à droite.

GERVEX (Henri)

3 — *Scène d'intérieur.*

Aquarelle.
Signée.

GERVEX (Henri)

4 — *La Promenade dans le parc.*

Aquarelle.
Signée.

GERVEX (Henri)

5 — *Figure pour illustrer une œuvre de Balzac.*

    Aquarelle.
    Signée à gauche.

HARPIGNIES (Henri)

6 — *Vue des environs de Nevers.*

    Aquarelle.

ISABEY (Eugène)

7 — *Le Retour des vainqueurs.*

    Aquarelle.
    Signée à gauche.

ISABEY (Eugène)

8 — *Intérieur d'église.*

    Aquarelle.
    Signée et datée 77.

LELOIR (Maurice)

9 — *La Parade.*

    Aquarelle.
    Signée à droite.

LELOIR (Maurice)

10 — *Le Repos du gendarme.*

    Aquarelle.
    Signée à gauche.

MESNIL (Mlle DU)

11 — *Coquetterie.*

    Pastel ayant figuré au Salon.

MOLS (Robert)

12 — *Bord de rivière.*

Aquarelle.
Signée et datée *1871*.

PIETTE (Ludovic)

13 — *Le Marché.*

Aquarelle.
Signée et datée *74*.

PIETTE (Ludovic)

14 — *La Sortie de la Messe.*

Aquarelle.
Signée et datée *70*.

REYNAUD

15 — *Paysan italien buvant.*
Dessin rehaussé de pastel.

Signé à droite.

ROQUEPLAN (Camille)

16 — *Portrait d'Homme.*

Crayon noir rehaussé de sanguine.

ROQUEPLAN (Camille)

17 — *Paysages.*

Deux dessins au crayon noir.

ROQUEPLAN (Camille)

18 — *Marine.*

Aquarelle.

SIMONI

19 — *Jeune Femme en robe rouge.*

    Aquarelle.
    Signée à gauche.

TEN CATE

20 — *Vue des environs de Paris.*

    Pastel.
    Signé et daté : 87.

TESSON (N.)

21 — *Village africain.*

    Aquarelle.
    Signée à droite.

ULMANN (Benjamin)

22 — *Rochers au bord de la mer.*

    Aquarelle.
    Signée à droite.

WORMS (Jules)

23 — *Portrait d'Homme.*

    Aquarelle.
    Signée à droite.

ÉCOLE FRANÇAISE

24 — *Cortège de musiciens.*
    Gouache sur vélin.

———

TABLEAUX MODERNES

ET ANCIENS

ACCARD (Eugène)

25 — *La double requête.*

BALLAVOINE

26 — *Lassitude.*
>   Signé à gauche.

BAUDET (Amédée)

27 — *Le Retour du troupeau, le soir.*

BONHEUR (Rosa)

28 — *Rochers dans la montagne.*
>   Signé à droite.

BONHEUR (Rosa)

29 — *La Plage.*
>   Signé à gauche.

BONHEUR (Rosa)

30 — *Chemin dans la montagne.*
>   Signé à gauche.

BONHEUR (Rosa)

31 — *Sous bois.*
>   Signé à droite.

BONNEMAISON (JULES)

32 à 35 — Quatre études : *Paysages et nature morte*.

BONVIN (FRANÇOIS)

36 — *Des huîtres, une bouteille et un verre de vin sur une table de marbre.*
Signé et daté *1865*.

130

BOUDIN (EUGÈNE)

37 — *Chevaux chez le maréchal ferrant.*
Signé à gauche.

BRAEKELEER (FERDINAND DE)

200   38 — *Le Départ des Mariés.*

BRASCASSAT (JACQUES)

39 — *Moutons au pâturage.*
Signé à droite.

BOUCHER (Ecole de)

1.460   40 à 45 — *Jeux d'enfants.*
Cinq dessus de porte.

CHAIGNEAU (F.)

500   46 — *Moutons dans une clairière.*

CHINTREUIL (ANTOINE)

315   47 — *Paysage, effet de soleil couchant.*
Signé à gauche.

CHINTREUIL (Antoine)

155 48 — *Le Chemin de la ferme.*
Signé à gauche.

COIGNARD (Louis)

170 49 — *Vaches au pâturage.*

COOMANS (Joseph)

250 50 — *Baigneuses au repos.*
Signé et daté 1854.

COUTURE (Thomas)

260 51 — *La Soif de l'or.*
Signé et daté 1844.

COYPEL (École de)

52 — *Moïse sauvé des eaux.*
Cadre en bois sculpté.

CRAESBECK (Joseph)

53 — *Le Chirurgien de village.*

DAUBIGNY (Attribué à C.)

170 54 — *L'Abreuvoir.*
A gauche, le cachet de la Vente Daubigny.

DELPY (H.)

55 — *Bateaux de pêche sur la grève.*
Signé et daté 75.

FEYEN-PERRIN

(DEUX PENDANTS)

56 — *La Vanneuse.*

57 — *Jeune Pêcheuse.*

FICHEL (EUGÈNE)

58 — *Le Marchand d'étoffes.*

Signé et daté *1856.*

FLERS (CAMILLE)

59 — *Vue de Hollande.*

Signé et daté *1860.*

GEGERFELT (W. de)

60 — *Port de pêche.*

Signé et daté *1873.*

GEGERFELT (W. de)

61 — *La Rentrée des pêcheurs.*

Signé et daté *1875.*

GUDIN (H.)

(DEUX PENDANTS)

62-63 — *Marines avec bateaux de pêche.*

GUÉ (OSCAR)

64 — *Intérieur de ville italienne.*

HAMON (Jean-Louis)

65 — *Les Prisonniers de l'Amour*.

HAREUX (Ernest-Victor)

66 — *Oiseaux dans les fleurs*.

HAY (Michel de l')

67 — *Villerville*.

Marine.

HERVIER (D'après Isabey)

68 — *Marine*.

HEUVEL (T. de)

69 — *Enfants à la porte d'une étable*.

JOHANNOT (Tony)

70 — *Cérémonie funèbre*.

LAUNAY (F. de)

71 — *Vue de la place Pigalle*.

Signé à gauche.

LAVIEILLE (Eugène)

72 — *Cours d'eau sous bois*.

LEBOURG (Albert)

73 — *Bords de rivière*.

Signé à droite.

LENFANT (DE METZ)

74 — *Deux Enfants dans un paysage.*

LUMINAIS (EVARISTE)

75 — *Le Retour au logis.*
Signé à gauche.

MADOU

76 — *Les Politiques de village.*
Signé et daté *1874.*

MARCKE (VAN)

77 — *Le Chemin d'Yport.*
(Vente Van Marcke, 1891. N° 206.)

MÉLIN (S.)

78 — *Chien de montagne.*
Signé à droite.

METTLING (L.)

79 — *Intérieur d'auberge.*
Signé et daté 76.

MEULEN (D'après VAN DER)

80 — *Portrait équestre de Louis XIV.*

MICHEL (GEORGES)

81 — *Paysage avec moulin à vent, chaumière et route au premier plan.*

MIERIS (Attribué à François)

245 82 — *Le Charlatan.*

MIGNARD (Ecole de)

83 — *Portrait de Femme assise.*

MOLS (Robert)

84 — *Vase, pots et bourriche de fleurs.*
Signé à gauche.

85 — *Canard, légumes et marmite en terre.*
Signé à droite.

86 — *Fruits, faïence de Delft et tapis d'Orient.*
Signé à droite.
Suite de trois tableaux.

MOLS (Robert)

87 — *Le Bassin du commerce au Havre.*
Signé à gauche.

MONNIER (Henri)

88 — *L'Embarquement.*
Etude.
Signée à droite.

MONTICELLI

410 89 — *Les Pêcheurs.*

MONTICELLI

300 90 — *Le Déjeuner champêtre.*

MULLER (Ch.)

91 — *La Leçon de chant.*

ORTMANS (Auguste)

92 — *Une Mare en forêt.*
Signé à droite.

OSTADE (Attribué à Adrien)

93 — *Scène de cabaret.*

PAPETY (D.)

94 — *La Vendangeuse.*

PETITJEAN

95 — *Bords de rivière.*
Signé à gauche.

PONPON (P.)

96 — *La Visite du cuirassé.*
Signé et daté *93.*

ROFFIAEN

97 — *Le Lac des Quatre-Cantons.*
Signé et daté *1859.*

ROSSERT (P.)

98 — *Vue de Paris.*

ROUBY

99 — *Falaises au bord de la mer.*
Signé et daté *84.*

ROUBY

100 — *Bords de la Seine.*
Signé et daté 86.

ROUSSEAU (Philippe)

101 — *Citrons et cédrats sur un tapis d'Orient.*
A droite le cachet de la vente Ph. Rousseau.

SAINTIN (Henri)

102 — *Paysage avec bergère et mouton.*
Signé à droite.

SALMON

103 — *Le Marché.*
Signé à gauche.

SCHNETZ (Jean-Victor)

104 — *Pâtre gardant son troupeau.*

STEEN (D'après Jean)

105 — *La Visite à la malade.*
Cadre en bois sculpté.

SWEBACH (Edouard)

106 — *La Halte.*

VAYSON (Paul)

107 — *Vaches au pâturage.*
Signé et daté 1880.

VAYSON (Paul)

108 — *Sortie du troupeau, le matin.*
Signé à gauche.

1.450

VAYSON (Paul)

109 — *Moutons sur une route.*
Signé à droite.

1.580

VAYSON Paul)

110 — *L'Abreuvoir.*
Signé à droite.

740

VENNEMAN (C.)

111 — *Buveurs.*
Signé et daté *1841.*

260

VERKOLJE (Johannès)

112 — *Portrait de Femme assise dans un parc.*
Signé à gauche.

450

WALKER (J.-A.)

113 — *Cheval de chasse.*
Signé à droite.

WEISZ

114 — *Indiscrétion.*
Signé et daté *1872.*

WERTHEIMER (G.)

115 — *Lion menaçant.*
Signé à gauche.

WILLEMS (Fl.)

800 116 — *La Lettre.*
Signé à gauche.

ECOLE HOLLANDAISE (XVIIe SIÈCLE)

117 — *Le Musicien.*

ECOLE ITALIENNE

220 118 — *La Sainte Famille.*
Cadre en bois sculpté.

ECOLE MODERNE

119 — *Le Poulailler.*

ÉCOLE MODERNE

120-121 — *Deux Etudes académiques.*

ÉCOLE MODERNE

122 — *Bateaux de pêche.*
Signé *E. B.*

ECOLE MODERNE

123 — *Plage à marée haute.*
Signé *E. B.*

ÉCOLE MODERNE

124 — *Paysage d'hiver.*
Signé *E. B.*

ÉCOLE MODERNE

125 — *La Bergère.*

126 — Sous ce numéro, qui sera divisé, seront vendus des tableaux et des dessins non catalogués.

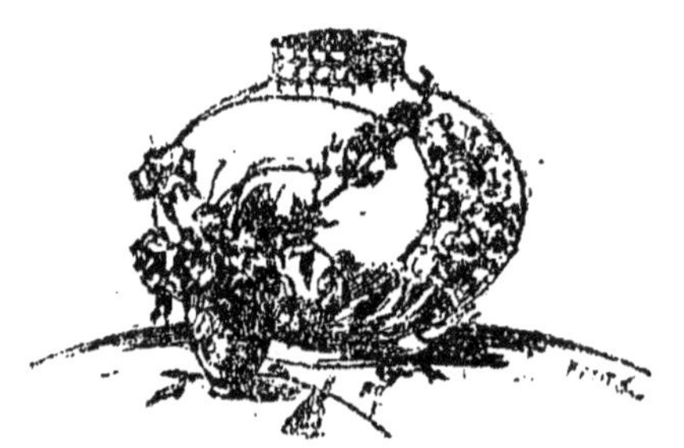

www.ingramcontent.com/pod-product-compliance
Lightning Source LLC
LaVergne TN
LVHW021903180726
843502LV00008B/2844